Leserabe

TINO • Henriette Wich

Die schönsten Abenteuergeschichten mit extra vielen Rätseln

Mit Bildern von Alexander von Knorre und Zapf

RUMMS

Ravensburger

Bibliografische Information der Deutschen Nationalbibliothek:

Die Deutsche Nationalbibliothek verzeichnet diese Publikation
in der Deutschen Nationalbibliografie.
Detaillierte bibliografische Daten sind im Internet
über http://dnb.d-nb.de abrufbar.

1 3 5 4 2

Ravensburger Leserabe
Diese Ausgabe enthält die Bände
„Wikingergeschichten" von TINO mit Illustrationen von Alexander von Knorre,
„Die Pinguin-Piraten" von Henriette Wich mit Illustrationen von Zapf
© 2017, 2019 Ravensburger Verlag GmbH
Auszüge aus:
„Sticker-Rätsel zum Lesenlernen" von Lena Merk mit Illustrationen von Angelika Penner
„Sticker-Kreuzworträtsel zum Lesenlernen" von Anne Johannsen
mit Illustrationen von Angelika Penner
„Sticker-Rätsel zum Lesenlernen" von Lena Merk mit Illustrationen von Stefan Lohr
© 2017, 2018 Ravensburger Verlag GmbH

© 2023 Ravensburger Verlag GmbH
Postfach 2460, 88194 Ravensburg
Für die vorliegende Ausgabe
Umschlagbild: Alexander Knorre
Konzept Leserätsel: Dr. Birgitta Reddig-Korn
Printed in Germany
ISBN 978-3-473-46293-3

ravensburger.com
www.leserabe.de

Inhalt

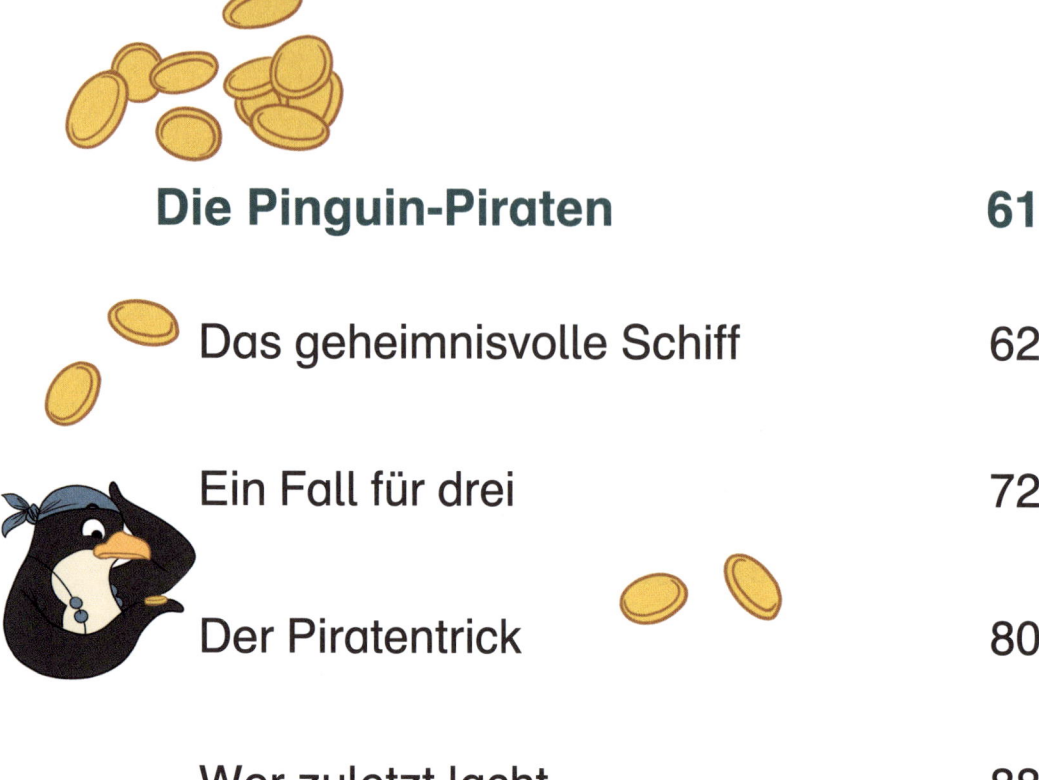

TINO

Wikingergeschichten

Mit Bildern von Alexander von Knorre

Der Sonnenstein

Die schlauen Wikinger
gehen gerne zur Schule.
Bald sind Ferien.
Smöre, Bröd, Hundi, Finn und Tofa
freuen sich darauf.
„Ich habe eine Überraschung",
sagt Harald Blauzahn.

Harald Blauzahn
ist ihr Lehrer.
Und er ist auch
der Anführer der Wikinger.
Er zeichnet mit einem Ast
eine Sonne in den Sand.
Neben die Sonne will Blauzahn
etwas anderes zeichnen.
Da bricht der Stock ab. Schade.
„Wer von euch besorgt mir
einen neuen Stock?",
fragt Harald Blauzahn.

Alle Kinder
schnippen mit den Fingern.
Finn und Tofa dürfen gehen.
Auf dem Abhang vor der Schule
werden die beiden immer schneller.
Schließlich rennen sie.
Finn und Tofa lachen.
Die beiden haben sich einfach gern.
Sie sind richtig gute Freunde.

Die schlauen Wikinger wissen:
Bei der großen Eiche
liegen die besten Stöcke.
Außer Atem kommen sie
bei dem Baum an.
Da entdecken sie
etwas bei den Wurzeln:
einen Sonnenstein.
Ein Sonnenstein ist ein Kristall,
der Sonnenlicht speichert
und sogar im Dunkeln leuchtet.

„Wie schön", sagt Finn.
„Wie schön", sagt Tofa.
So einen tollen Stein
haben sie noch nie gesehen.
Finn und Tofa
greifen nach dem Stein.
Da geschieht das Unglück.

Rumms!, stoßen sie
mit ihren Köpfen zusammen.

Das tut ganz schön weh!

Finn denkt: Tofa ist schuld.

Tofa denkt: Finn ist schuld.

Dabei war es ein Versehen.

„Du dumme Nuss!", ruft Finn.

„Du blöder Kerl!", ruft Tofa.

Jetzt haben sie sich nicht mehr gern.

Wütend rennen sie zurück.

In der Schule fällt ihnen ein,
dass sie gar nicht mehr
daran gedacht haben,
einen neuen Stock zu holen!
„Wo ist der Stock?",
fragt Harald Blauzahn.
„D...den haben wir vergessen",
sagt Finn.
„Na so was",
sagt Harald Blauzahn.

„Dann zeichne ich eben
mit dem Finger."
Und was zeichnet er?
Einen Stein.
Da geht Finn und Tofa
ein Licht auf.
Sonne plus Stein
ergibt Sonnenstein!
Die beiden schlauen Wikinger
werfen sich einen Blick zu.

„Das ist die Überraschung
für euch",
sagt Harald Blauzahn.
„Wer einen Sonnenstein findet,
darf in den Ferien
mit dem Drachenboot
auf Abenteuerreise gehen."
Er blickt in die Runde.

„Na? Wer von euch
findet den Stein?"
Die Kinder springen auf
und eilen ins Freie.
Smöre rennt nach links,
Bröd eilt nach rechts,
Hundi läuft geradeaus.
Keiner weiß,
wo ein Sonnenstein ist.
Bis auf Finn und Tofa.

Die beiden rennen lachend davon.
Wer ist schneller?
Finn will den Stein
Tofa schenken.
Tofa will den Stein
Finn schenken.
Tatsächlich –
da liegt der Sonnenstein.

Finn und Tofa bücken sich
und greifen nach dem Kristall.
Beide gleichzeitig.
Rumms!
Sie sind schon wieder
zusammengestoßen.
Au, Mist.
Diesmal streiten sie nicht.
Finn und Tofa müssen lachen.
Da sehen die schlauen Wikinger
einen zweiten Sonnenstein.
Nanu?

„Kommt alle her!", ruft Finn.
„Wir haben etwas gefunden",
ruft Tofa.
Alle laufen herbei.
„Beim Donnergott!",
sagt Harald Blauzahn.
„Ihr seid schneller als der Blitz!
Und ihr habt ja
zwei Sonnensteine gefunden!"

Blauzahn kratzt sich am Kopf.
Seltsam, er hatte doch
nur einen Kristall versteckt.
Blauzahn hält die Sonnensteine
gegen das Licht.
Manchmal geschehen Wunder.
„Finn und Tofa dürfen beide
auf Abenteuerreise gehen!",
ruft Harald Blauzahn.
„Wer weiß, vielleicht findet ihr
gemeinsam ein Geheimnis.
Viel Glück!"

Freunde

Die Ferien haben begonnen.
Morgen wollen Finn und Tofa
mit dem Drachenboot
auf Abenteuerreise gehen.
Ihre Freunde können nicht mit. Blöd.

Aber Smöre, Bröd und Hundi
haben keine Sonnensteine.
Die Sonnensteine zeigen
den schlauen Wikingern
den Weg über das Meer.

Heute spielen alle noch einmal
zusammen Verstecken.
Smöre, Bröd und Hundi
müssen Finn und Tofa finden.

„Ich habe ein tolles Versteck",
sagt Finn zu Tofa.
Er schleicht zu einem Busch.
Plötzlich ist Finn weg.
Wie vom Erdboden verschluckt.
„Finn, wo bist du?",
ruft Tofa.

Da sieht sie das Loch.
Das Loch ist tief.
Finn ist hineingefallen.
Zum Glück ist ihm
nichts passiert.
„Das ist der Eingang
zu einer Höhle!",
ruft Finn aufgeregt
nach oben.

Eine Höhle?
Das klingt geheimnisvoll.
Mutig klettert Tofa hinterher.
„Hier finden sie uns nie",
sagt Finn.
Die beiden Freunde gehen weiter
in die Höhle hinein.
Zum Glück haben sie
ihre Sonnensteine dabei.
Die Sonnensteine geben ihnen Licht
hier im Dunkeln.
Die Höhle ist tief,
und es gibt viele Wege.
Rechts, links, links, rechts.
Da kommen die schlauen Wikinger
plötzlich in eine große Halle.
Wie schön es hier ist!

Die Wände der Höhle
glitzern und funkeln
im Schein der Sonnensteine.
Und mitten in der Höhle
glänzt ein dunkelblauer See.
In dem See ist eine Insel.
An ihrem Strand
liegen Muscheln
und bunte Steine.

Aber was ist das?

Auf der Insel steht ein Topf
mit einem Deckel.

Er schimmert geheimnisvoll.

Ohne zu überlegen
schwimmen Finn und Tofa
zu der Insel.

Die schlauen Wikinger
heben den Deckel an.

Und was finden sie?

Ein Geheimnis.

„Das müssen wir
unseren Freunden zeigen",
sagt Finn.
„Wir nehmen den Topf mit",
sagt Tofa.
Schnell schwimmen sie zurück.
Aber wo geht es lang?
Müssen sie nach links laufen
oder nach rechts? Geradeaus?
Überall sind Gänge.
Finn und Tofa eilen hin und her.
Sie haben sich verlaufen.
„Hilfe!", ruft Tofa.
Ihre Stimme kommt
als Echo zurück:
Hilfe … Hilfe … Hilfe …

Was sollen sie
nur tun?
Sie blicken nach oben.
An der Decke der Höhle
sehen sie Licht.
„Das ist der Himmel!",
sagt Tofa. „Da geht es raus."
„Aber wie kommen wir hoch?"
Die schlauen Wikinger
wollen hinaufklettern.
Aber der Fels ist zu steil.
„Hört uns denn niemand?",
ruft Tofa.

niemand
niemand
...

Da erscheint ein Gesicht
in dem Loch in der Decke.
Es ist Smöre.
Ein zweiter Kopf erscheint.
Er gehört zu Bröd.
Und da ist auch Hundi.
„Wir haben euch gefunden!",
rufen ihre Freunde.
Ein Glück.
„Tolles Versteck", ruft Hundi,
„ist es schön da unten?"

„Überhaupt nicht",
antwortet Tofa,
„wir haben uns verirrt!"
„Kein Problem!",
ruft Smöre,
„wir holen euch da raus!"
„Auf echte Freunde
kann man sich verlassen!",
ruft Bröd.
Die drei lassen ein Seil
zu Finn und Tofa hinunter.
Gemeinsam ziehen sie
die beiden nach oben.
Gerettet.
Finn und Tofa sind froh.
„Wir haben eine Überraschung
für euch", sagt Finn.

Er zeigt den Freunden
den silbernen Topf.
„Dadrin ist ein Geheimnis",
sagt Tofa.
Smöre, Bröd und Hundi
lupfen neugierig den Deckel.
Und was finden sie?
Drei funkelnde Sonnensteine.
„Jetzt dürfen wir alle zusammen
auf Abenteuerreise gehen!",
rufen Finn und Tofa.
Was kann es Schöneres geben?

Auf großer Fahrt

Die Sterne leuchten am Himmel.
Das Lagerfeuer prasselt.
Harald Blauzahn erzählt
spannende Geschichten.
Die schlauen Wikinger
hören gebannt zu.

Der Anführer der Wikinger
erzählt von Feen,
Trollen und Geistern.
Und von blauen Wundern,
denen man auf dem Meer begegnet.
„Was ist ein blaues Wunder?",
will Tofa wissen.
„Schwer zu sagen",
antwortet Blauzahn.
„Bisher hat noch niemand
ein blaues Wunder gesehen."
Das gibt den schlauen Wikingern
zu denken.
„Ich finde ein blaues Wunder",
sagt Finn zu den anderen,
als sie schlafen gehen.

Früh am Morgen brechen sie auf.
Die Sonnensteine
weisen ihnen den Weg.
Bald entdecken sie eine Insel.
Sie sieht geheimnisvoll aus.
Ob die schlauen Wikinger hier
ein blaues Wunder finden?

Am Strand ist nur Treibholz.
Sie gehen durch den dichten Wald.
Da steht die Ruine einer Burg.
Finn, Tofa, Smöre, Bröd und Hundi
suchen neugierig überall.

Das ist spannend.
Aber ein blaues Wunder
finden sie nicht.

Schade.

Die schlauen Wikinger

sind ein wenig enttäuscht.

„Lasst uns nach Hause fahren",

sagt Finn.

Sie gehen zurück auf ihr Schiff

und segeln über das weite Meer.

Aber was ist das?

Vor ihrem Schiff

taucht ein Drache auf.

Das Seeungeheuer

leuchtet tiefblau.

Von Kopf bis Schwanzspitze blau.

„Das ist das blaue Wunder!",

ruft Finn.

Die blauen Augen des Drachen

funkeln grimmig.

Finn, Tofa, Smöre, Bröd und Hundi
wollen dem Ungeheuer entkommen.
Zu spät.
Schon windet sich der blaue Drache
um ihr Schiff.
Große Not!
Das Boot ächzt und knarrt.
Bald wird es zerbrechen.
Was sollen sie nur tun?

Da haben die schlauen Wikinger
eine Idee.
Sie halten dem blauen Drachen
die Sonnensteine vor die Augen.
Der Kopf des Ungeheuers
spiegelt sich darin.
So etwas Schreckliches
hat das Seeungeheuer
noch nie gesehen:
ein Drache mit fünf Köpfen!

Das blaue Seeungeheuer
bekommt es mit der Angst zu tun.
Gegen einen Drachen
mit fünf Köpfen
kommt es nicht an.
Es lässt das Boot los
und schlägt mit dem Schwanz
auf das Wasser.
Dann taucht es unter.
Zurück bleibt eine Welle.
Die schlauen Wikinger jubeln.
Zu früh.

Die Welle erfasst ihr Boot.
Sie wird höher und höher.
Schließlich tanzt das Schiff
wie eine Nussschale
ganz oben auf der Wellenspitze.
Dann flitzt es plötzlich
wie in einer Achterbahn
hinab in die Tiefe.
Mit hoher Geschwindigkeit
saust das Boot über das Meer.
Tofa, Finn, Smöre, Bröd und Hundi
halten sich aneinander fest.

„Land in Sicht!",
rufen Finn und Tofa gleichzeitig.
Tatsächlich, da ist ihre Insel,
sie sind zu Hause!
Alle warten am Ufer
auf die schlauen Wikinger.
Blauzahn ist auch da.
„Wie war es?", fragt er.
„Ganz nett",
antworten die schlauen Wikinger.
„Nur ein bisschen nass."

„Wir haben das blaue Wunder
gesehen!",
sagen Finn und Tofa stolz.
Harald Blauzahn staunt.
„Wenn du willst,
kannst du morgen mit uns
auf große Fahrt gehen",
sagen die schlauen Wikinger.
„Abgemacht",
sagt Harald Blauzahn.
„Morgen erleben wir zusammen
ein blaues Wunder."
Na, dann viel Glück!

Leserabe
Leserätsel

Rätsel 1   **Wer bin ich?**

1. Ich habe rote Haare.

2. Ich trage einen Helm.

3. Ich bin der Anführer.

Rätsel 2   **Silben-Salat**

Bringe die Silben in die richtige Reihenfolge!

ER - HEU - GE - UN

Wörter im Versteck

Insgesamt sind sechs Wörter versteckt.
Kreise sie ein.

S	C	H	U	L	E
W	S	I	F	O	P
Y	T	M	N	C	U
B	O	O	T	H	A
K	C	Z	S	E	E
I	K	O	P	F	B

So macht Lesen lernen Spaß!

Mit dem Leserabe Rätselspaß
übst du das Lesen ganz nebenbei.
Mit lustigen Rätseln erweiterst du
spielerisch deinen Wortschatz.

So wirst du ganz schnell zum
Leseprofi!

Viel Spaß!

Was spielt Leserabe gerne?

Schreibe die Anfangsbuchstaben der gesuchten Wörter in die Kästchen. Welches Wort entsteht?

Lösungswort:

Leserabe spielt gerne _____ .

Am Himmel

Welches Wort hängt an
welchem Ballon?
Schreibe die passenden
Wörter ins Kästchen.

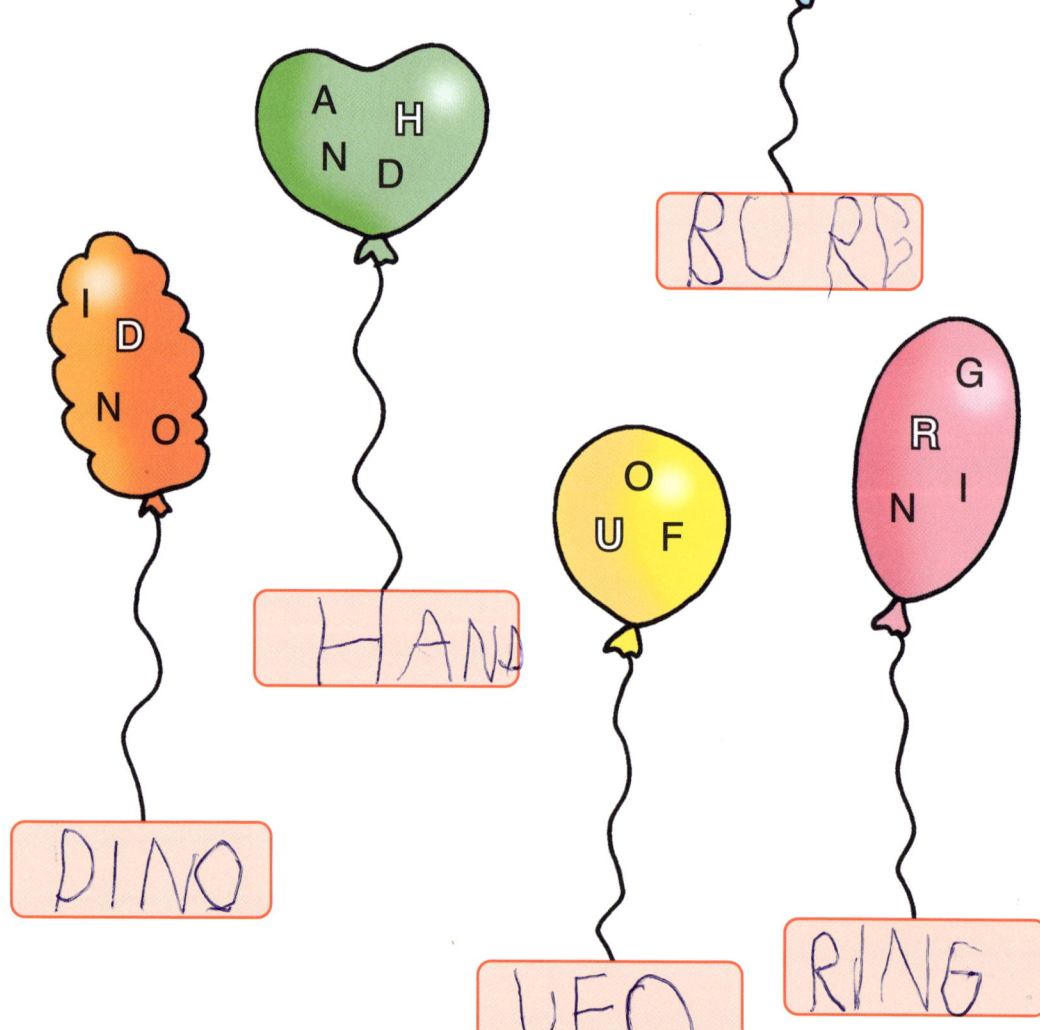

BURB

HAND

DINO

UFO

RING

Hörst du G, H oder I?

Schreibe zu jedem Wort den richtigen
Anfangsbuchstaben.

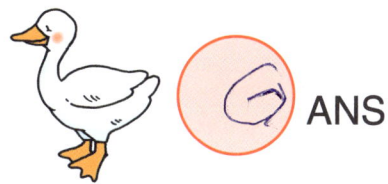 ANS

 GEL

 AUS

 UND

 IRAFFE

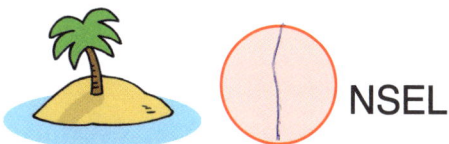 NSEL

49

Welche Buchstaben fehlen?

Schreibe sie auf die Kreise.
Schreibe danach das ganze Wort auf.

PINS  L    ELB

_____   _____

M  LEN   STI  T

_____   _____

EI  ER   F  RBE

_____   _____

Welche Wörter sind gesucht?

Trage sie in die Kästchen ein.
Die roten Kästchen ergeben die Lösung.

Lösungswort:

Blumen raten

Welche Wörter verstecken sich auf den Blumen?
Schreibe die passenden Wörter in die Mitte.

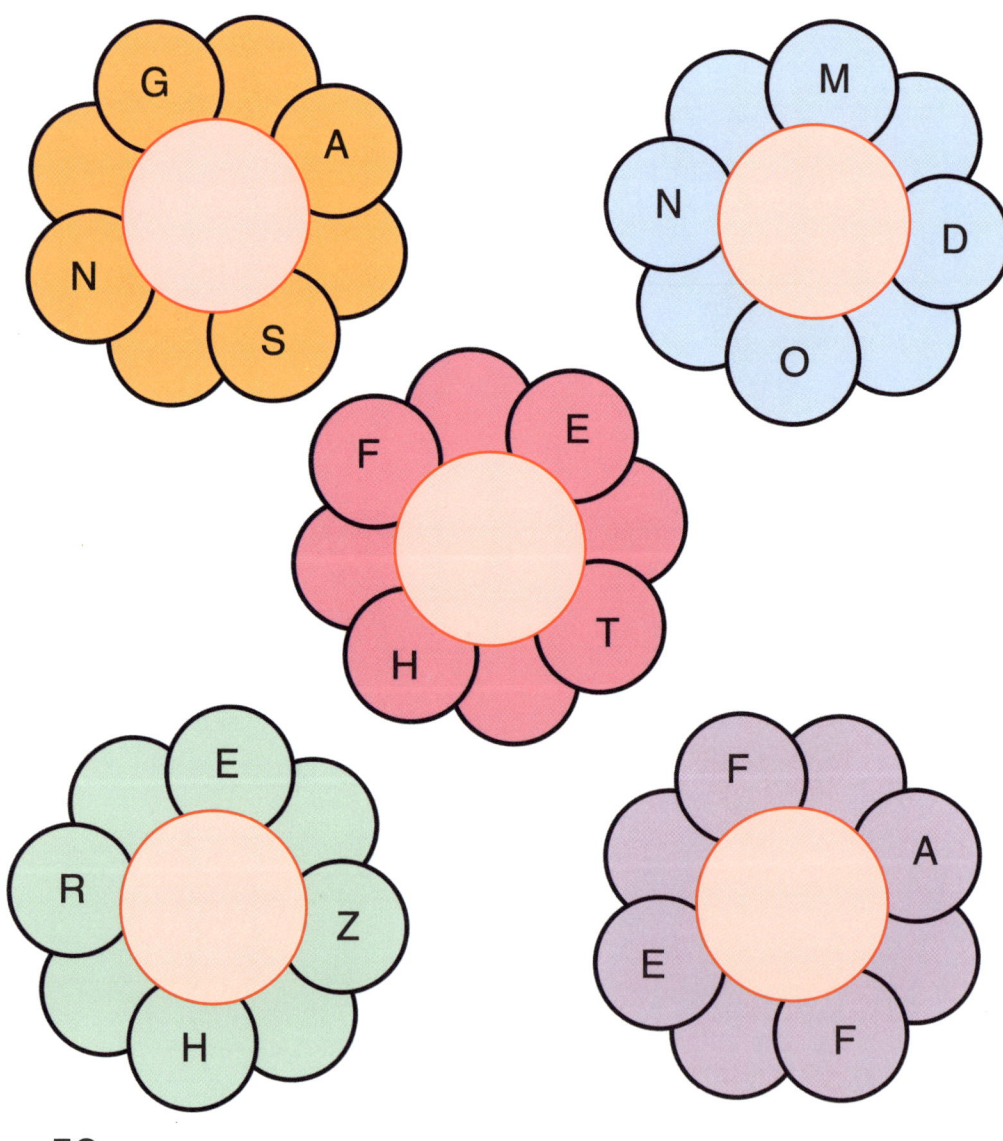

Hier fehlt doch was!

Ergänze die fehlenden Buchstaben.
Male das Wort in den Kreis daneben.

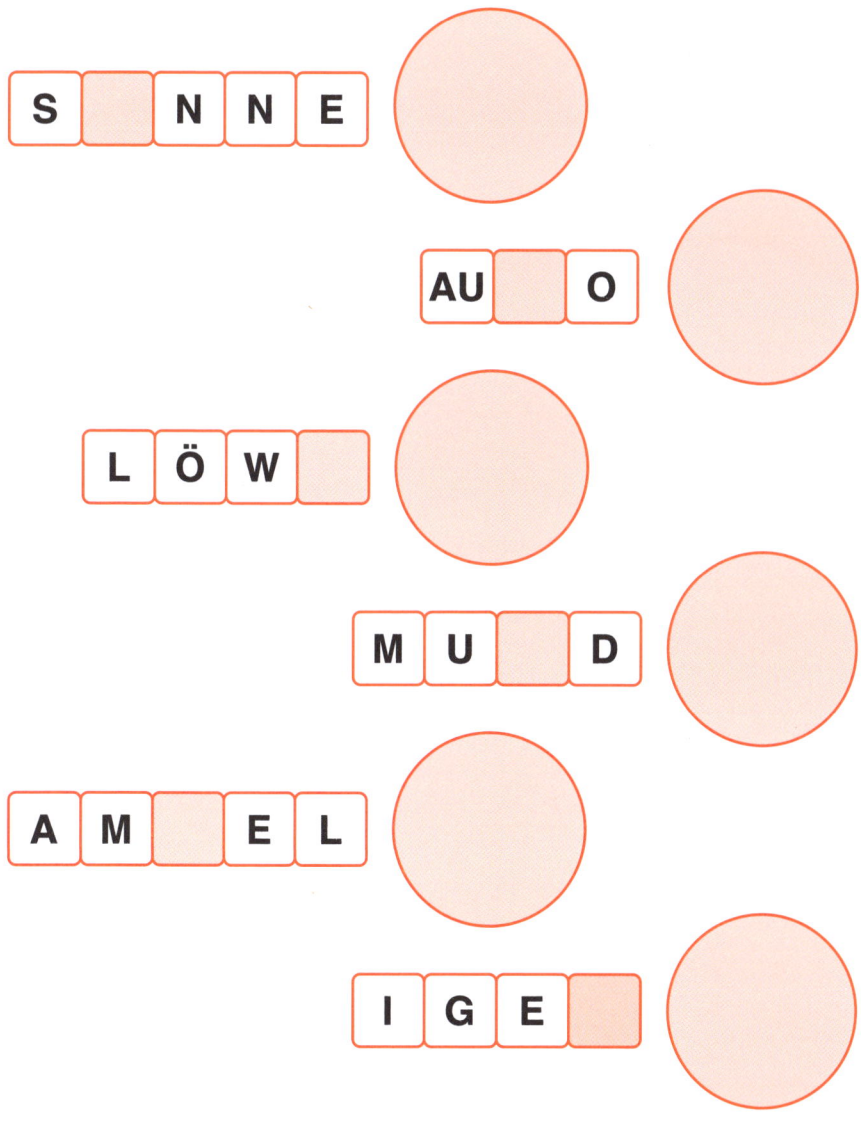

S | | N | N | E

AU | | O

L | Ö | W |

M | U | | D

A | M | | E | L

| I | G | E |

53

Wörtersuche

Lies die Wörter auf dem Schal.
Schreibe die Wörter auf die Linien.

_____

_____   _____

_____   _____

Welche Farbe ist im Eimer?

Beschrifte die Eimer richtig und
male die Kreise aus.

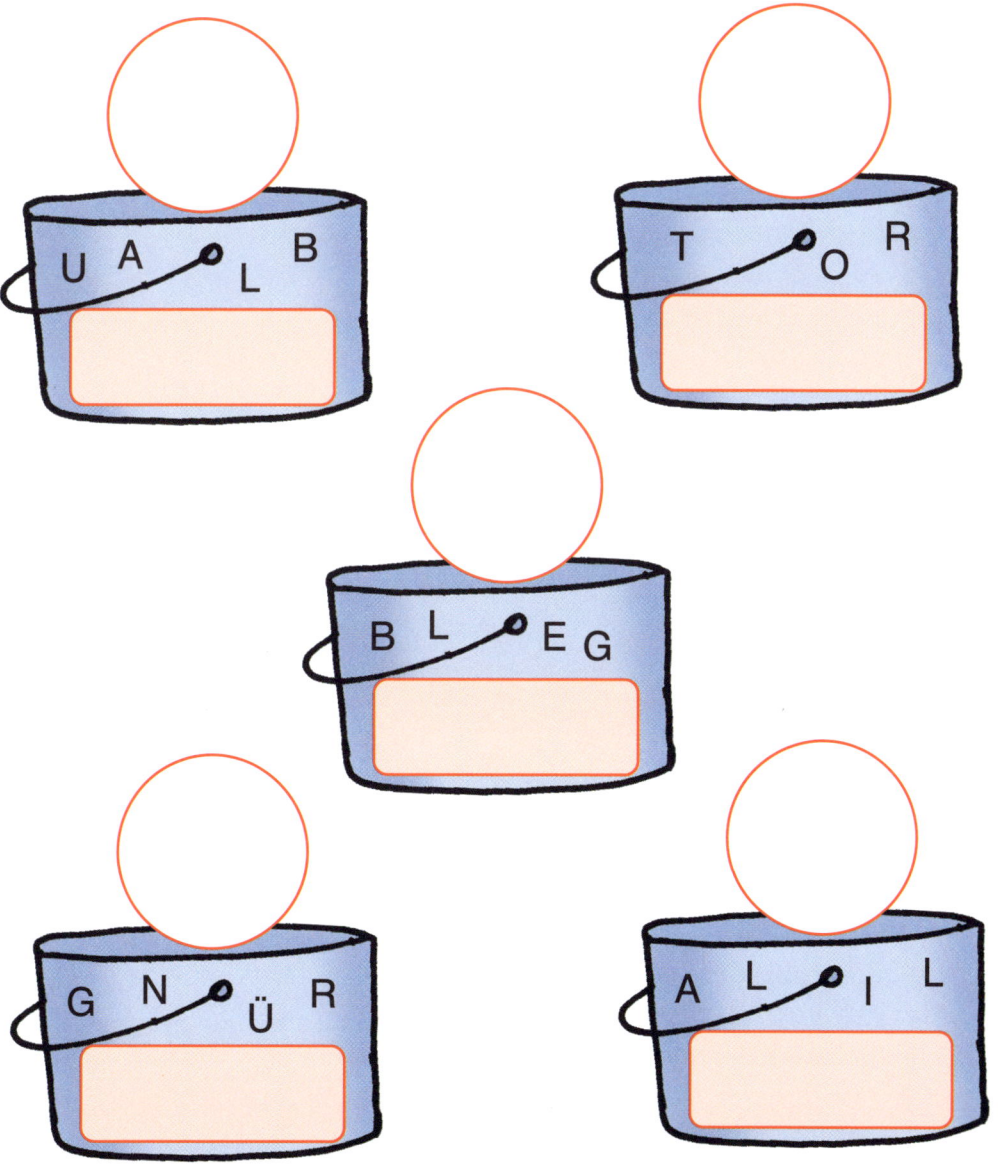

Auf der Mauer

Finde zu jedem Bild den passenden Anfangsbuchstaben. Schreibe ihn über das Bild und
du kannst die Wörter lesen.

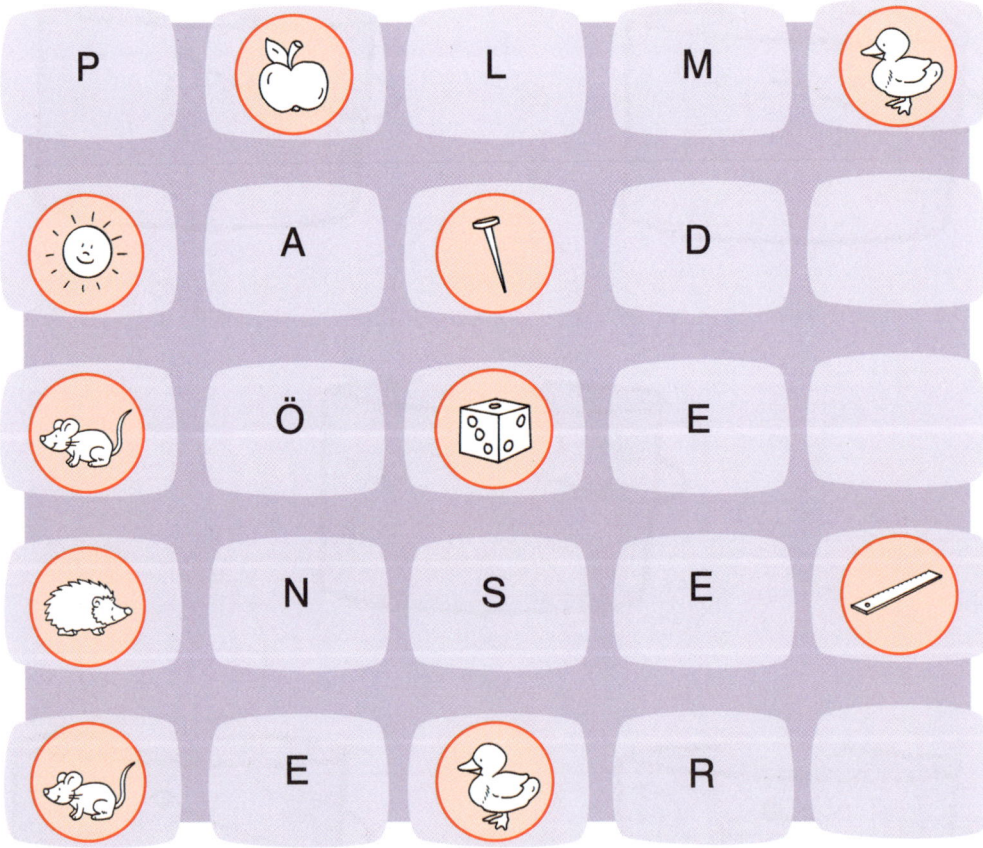

Welches Wort ist falsch?

Streiche in jeder Reihe ein falsches Wort durch.
Schreibe dieses in das Kästchen.

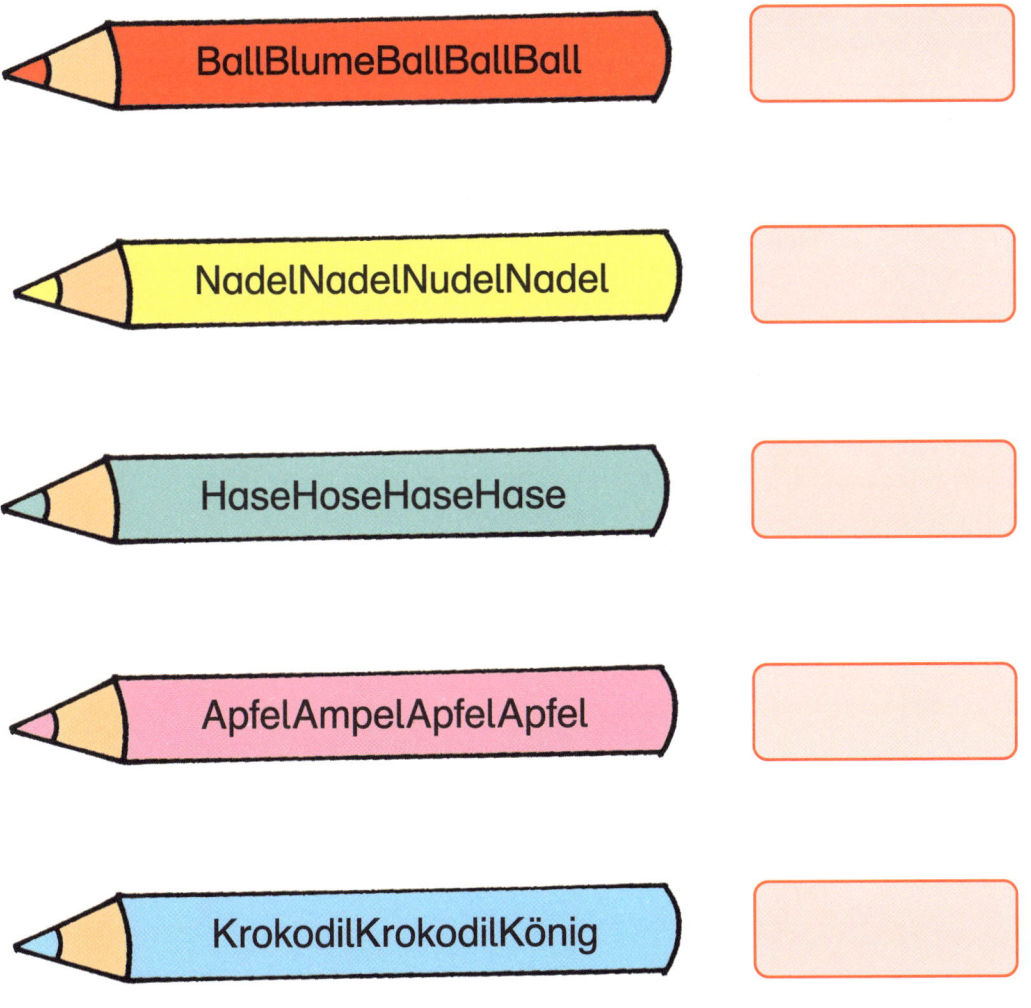

57

Was reimt sich?

Schreibe unter jedes Bild das richtige Wort.
Verbinde dann die Reimpaare.

Silbensuche

Bilde Wörter aus zwei Silben. Schreibe das richtige Wort anschließend in das Textfeld.

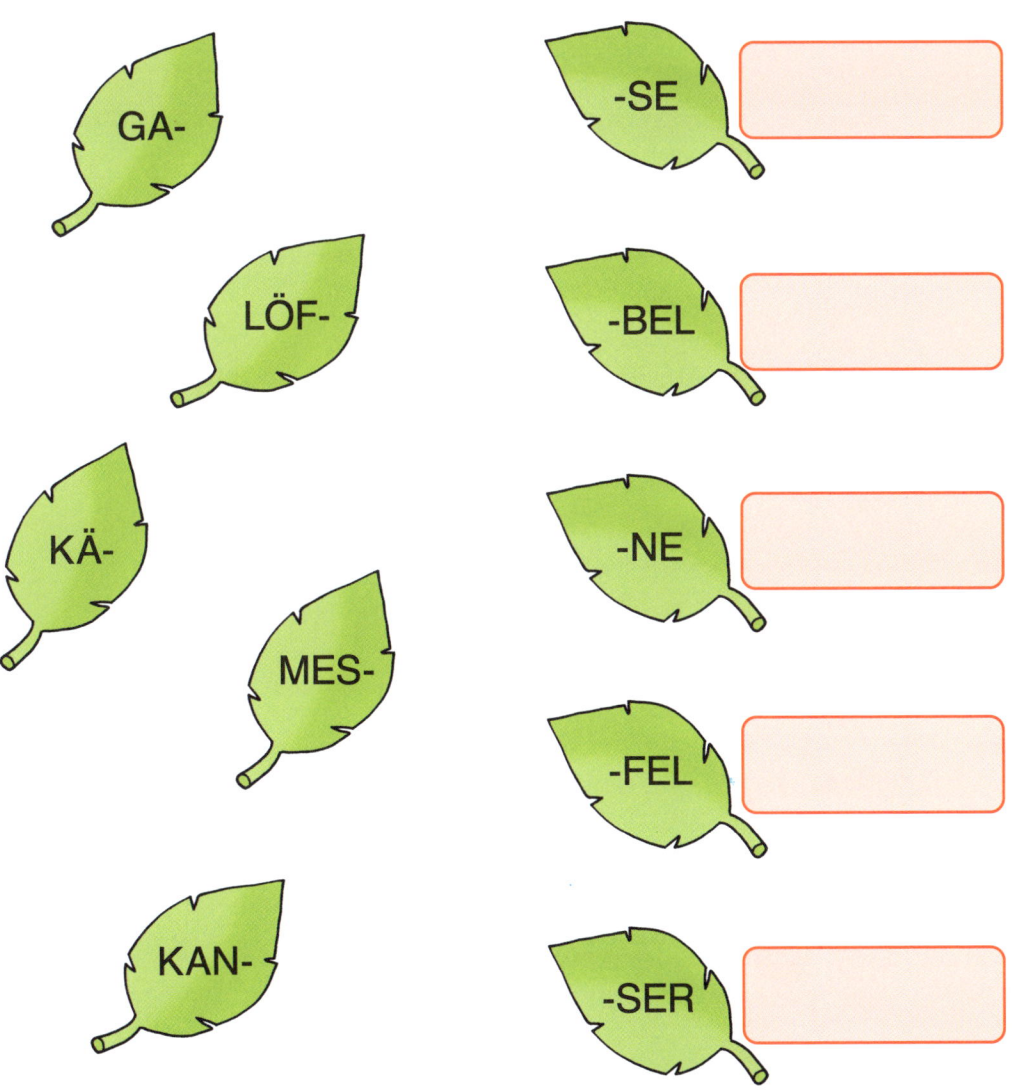

Rätsel 1

Lösung: KARTEN

Rätsel 2

DINO, HAND, UFO, RING, BURG

Rätsel 3

GANS   **I**GEL
HAUS   **H**UND
GIRAFFE **I**NSEL

Rätsel 4

PINS**E**L; **M**ALEN; EIM**E**R; **G**ELB; STI**F**T;
F**A**RBE

Rätsel 5

FEDE**R**
KAKTUS
GA**B**EL
H**E**RZ
Lösung: RABE

Rätsel 6

GANS, MOND, HEFT, HERZ, AFFE

Rätsel 7

S**O**NNE, AU**T**O, LÖW**E**, MU**N**D,
AM**P**EL, IGEL

Rätsel 8

FEDER, HUT, TORTE, RADIO, KERZE

Rätsel 9

BLAU   ROT   GELB   GRÜN   LILA

Rätsel 10

PALME
SAND
MÖWE
INSEL
MEER

Rätsel 11

Falsch:
Blume, Nudel, Hose, Ampel, König

Rätsel 12

HUND – MUND;
HASE – NASE;
KUH – SCHUH;
KANNE – WANNE;
TOR – OHR

Rätsel 13

KÄ-SE
GA-BEL
KAN-NE
LÖF-FEL
MES-SER

Henriette Wich

Die Pinguin-Piraten

Mit Bildern von Zapf

Das geheimnisvolle Schiff

Alex, Frida und Pedro stehen
auf ihrem Lieblingsfelsen.
Die Pinguine rufen:
„Wir sind stark, wir sind toll,
wir sind cool!"
Der Wind zerzaust ihr Gefieder.
Unter ihnen rauscht das Meer
und es duftet nach Salz.

Pedro zwinkert
seinen Freunden zu.
„Auf die Plätze, fertig, los!"
Mutig hüpft er als Erster
auf die Klippe zu und springt.
„Wir schaffen das auch",
sagt Alex zu Frida.
Sie fassen sich an den Flossen
und stürzen sich ins Meer.
Hurra! Jetzt sind alle drei
unter Wasser.

Sie schwimmen um die Wette.
Dann tauchen sie tief hinab,
bis zum Meeresgrund.
Hier ist es schön dunkel.
Die Pinguine spielen Verstecken
zwischen den Schlingpflanzen.
Plötzlich winkt Frida
mit der rechten Flosse.
Alex und Pedro schwimmen
neugierig zu ihr hin.
Frida hat ein Schiff entdeckt!

Es ist grün vor lauter Algen.
Das Wrack muss
schon vor langer Zeit
gesunken sein.
„Cool!", sagt Pedro.
„Da muss ich rein."
„Pass auf!", warnt Frida.
Ein Holzbalken wackelt gefährlich.

Frida und Alex halten
Pedro zurück.
Das war knapp!
Beinahe wäre der Balken
auf Pedros Kopf gefallen.
„Lass mich lieber vor",
schlägt Alex vor.
Er setzt seine Brille auf,
damit er besser sehen kann.
Vorsichtig schlüpft Alex
durch eine Luke ins Schiff.

Kreuz und quer liegen Koffer,
umgekippte Stühle
und Fässer herum.
Neben einem Stapel Taue
steht eine große Holzkiste.
„Eine Schatztruhe!",
blubbert Alex aufgeregt.
Sofort sind seine Freunde bei ihm.
Zu dritt zerren sie die Kiste
aus dem Wrack.
Dann paddeln sie mit ihr
langsam nach oben.

Jetzt sind sie über Wasser.
Die Schatztruhe schaukelt lustig
auf den Wellen.
Die Pinguine schubsen sie
gemeinsam aufs Eis.
Geschafft!
Der starke Pedro macht
den Deckel auf.
Wie das glitzert und funkelt!
Die Kiste ist voller Goldmünzen.
„Ach, du dickes Ei",
murmelt Frida.

„Hurra!", schnattern die Freunde
und fallen sich um den Hals.
Am Ufer versammeln sich
die anderen Pinguine, Robben
und fünf Raubmöwen.
Alle freuen sich
für Alex, Frida und Pedro.
Nein, nicht alle.

„So toll ist der Schatz
auch wieder nicht!",
krächzen die Raubmöwen.
„Pah!", macht Pedro.
„Ihr seid doch bloß neidisch."
Alex murmelt verblüfft:
„Jetzt sind wir berühmt."

Stolz ruft Frida:
„Wir sind die Pinguin-Piraten!"
Die Raubmöwen fliegen
beleidigt davon.
„Haut ruhig ab!",
brüllt Pedro ihnen nach.
„Und wehe, ihr klaut wieder
unsere Pinguin-Eier!"

Ein Fall für drei

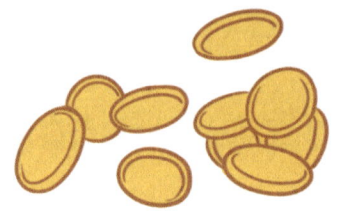

Alex, Frida und Pedro haben
ein neues Spiel.
Sie werfen am Strand
ganz viele Goldmünzen in die Luft.
Wer am meisten auffängt, gewinnt.
„Warum verliere ich dauernd?",
beschwert sich Alex.
Frida kichert.
„Setz halt deine Brille auf!"
Alex schüttelt den Kopf.
„Coole Pinguin-Piraten tragen
keine Brille."

„So ein Quatsch!",
sagt Pedro.
„Was weißt du schon?",
sagt Alex
und streckt Pedro die Zunge raus.
Das mag Pedro überhaupt nicht.
Er stürzt sich auf Alex
und die Jungs fangen an zu raufen.
Frida spritzt Alex und Pedro nass.
„Hey, der Tag ist viel zu schön
zum Streiten!", sagt sie.
Da müssen Alex und Pedro lachen.

Zu dritt hechten sie ins Meer
und tauchen sich gegenseitig unter.
Danach springen sie
wie die Delfine
über die Wellen.
Das macht Spaß.
Doch irgendwann werden sie müde.
„Wir müssen zurück
zur Schatztruhe", sagt Frida.

Rasch schwimmen die Pinguine
wieder an den Strand.
Da ist der Platz,
an dem sie vorher gespielt haben.
Sie wissen es noch ganz genau.
Aber der Platz ist leer.
Die Schatztruhe ist weg!
„W...w...wer hat
unseren Schatz geklaut?",
stammelt Alex.

Frida stöhnt:

„Bestimmt die Raubmöwen!"

„Na, wartet", sagt Pedro.

„Jetzt kommen die Pinguin-Piraten.

Die holen sich

ihren Schatz zurück!"

Pedro will gleich losstürmen.

„Stopp!", rufen Frida und Alex.
Erst müssen sie herausfinden,
wo die Raubmöwen
die Truhe versteckt haben.
Zu dritt suchen sie
die ganze Insel ab.
Sie laufen über die vielen Hügel.
Sie umrunden den See.
Dann hüpfen sie
die Felsentreppe hoch
zu den Brutplätzen der Pinguine.
Die lassen sie links liegen
und laufen weiter.

Alex steckt seinen Schnabel
in eine Felsspalte.
„Hier ist eine Höhle!",
sagt er aufgeregt.
„Da steht was drin."
Alex sucht seine Brille.
„Wo habe ich die nur hingetan?"
Frida und Pedro drängeln
sich neben Alex.

„Unser Schatz!", ruft Pedro laut.
Frida macht: „Pssst!"
Zu dritt schleichen sie
um die Ecke.

Irgendwo muss doch
der Eingang zur Höhle sein …
Himmel, Hagel, Donnerwetter!
Vor dem Eingang
sitzt eine Raubmöwe.
Sie bewacht die Schatztruhe.

Der Piratentrick

„Die Möwe schubse ich
einfach weg",
schnauft Pedro.
„Das lässt du schön bleiben",
sagt Alex.

„Dann kommen sofort die
anderen vier Raubmöwen."
Die Pinguine ziehen sich zurück,
um zu beraten.
Frida kratzt sich am Schopf.

Plötzlich strahlt sie.
„Ich hab's!
Wir locken die Raubmöwe
mit kleinen Krebsen weg."

Pedro klatscht in die Flossen.
„Das wollte ich auch
gerade vorschlagen!"
„Dann komm mit,
du Schlaumeier", sagt Alex.
Die Freunde sausen zum Meer
und fangen kleine Krebse.
Auf dem Weg zurück
lassen sie immer wieder
ein paar Tierchen fallen.
Dann verstecken sie sich
in der Nähe der Höhle.

Die Raubmöwe schnuppert.
„Lecker, lecker, Krebse!",
sagt sie
und folgt gierig der Spur.
Kaum ist sie weg,
flitzen Alex, Frida und Pedro
in die Höhle hinein.
Sie schieben die Schatzkiste
zum Eingang.
„Mann, ist die schwer!",
keucht Alex.

Plötzlich hören sie ein Krächzen.
Frida erschrickt.
„Hilfe! Die Möwe kommt zurück!"
Pedro bleibt ganz cool.
„Wir müssen in die Höhle rein.
Geht schon mal vor
mit der Kiste."
Pedro spuckt in die Flossen.
Dann rollt er einen großen Stein
vor den Eingang.

„Weg da mit dem blöden Stein!",
schimpft die Raubmöwe.
„Das kannst du vergessen",
sagt Pedro und rennt
zu seinen Freunden.
Gemeinsam schieben sie
die Schatztruhe vor sich her.
Immer tiefer dringen sie dabei
in die Höhle vor.

Immer dunkler wird es.
Dann stehen sie
vor einer Kreuzung.
Drei Wege gehen von ihr ab.
„Lasst uns geradeaus gehen",
schlägt Frida vor.
„Nein, links!", sagt Alex.
„Nein, rechts!", sagt Pedro.

Die Jungs schnattern und rufen
laut durcheinander.
„Seid doch mal leise!",
brüllt Frida.
Verdutzt halten Alex und
Pedro die Schnäbel.
„Halloooo!", ruft Frida.
„Hallo", kommt sofort das Echo
aus dem rechten Gang zurück.
Beim Gang geradeaus
ist das Echo leiser.
Und links hört man gar nichts.

Die Pinguine sehen sich an.
„Also links", sagt Alex.
Schweigend gehen sie weiter.
Alle haben Herzklopfen
und ein bisschen Angst.
Hoffentlich führt
der linke Weg
auch wirklich hinaus ins Freie!

Wer zuletzt lacht ...

Pedro geht wieder mutig voraus.
„Es wird heller!", jubelt er.
Tatsächlich. Da vorne ist Licht.
Es riecht nach Salz
und sie hören das Meer rauschen.
Noch ein paar Schritte,
dann sind sie am Ausgang
zum Strand.
Alex macht: „Psst!
Ist die Luft rein?"
Pedro steckt den Kopf
aus der Höhle.
„Verflixt und zugeschleimt!",
flucht er leise.

„Die Möwen lagern
da drüben auf einer Sanddüne."
Die Freunde sehen sich an.
Das darf doch nicht wahr sein!
Pedro wirft sich auf den Boden.
Er stöhnt: „Jetzt ist alles aus!"
Alex setzt sich neben ihn.
„Wir sind die Pinguin-Piraten.
Die geben nicht auf."
Frida nickt. „Niemals!"

Pedro rappelt sich wieder hoch.

„Ihr habt recht.

Aber was sollen wir jetzt tun?"

Frida kratzt sich am Schopf.

„Ich hab's!"

Sie flüstert ihren Freunden

etwas ins Ohr.

Alex und Pedro grinsen.

„Hey-ho! Das ist super",

sagt Pedro.

Schnell macht er
die Schatztruhe auf.
Die Pinguin-Piraten stopfen sich
die Goldmünzen unter die Federn.
Danach machen sie die Truhe
wieder zu und wickeln
ein Seil darum.

„Aufgepasst!", sagt Alex
und setzt seine Brille auf.
„Jetzt kommt
mein Spezial-Piratenknoten."
Frida kichert.
„Cooler Knoten!
Und deine Brille ist übrigens
auch voll cool."
Mit lautem „Hauruck!"
schieben die Pinguine die Kiste
auf den Strand hinaus.

Sofort kommen die Raubmöwen
angeflogen.
„Hilfe! Tut uns nichts!",
jammert Frida.
Alex hält sich
die Flossen vors Gesicht.
„Nehmt die Truhe,
aber lasst uns in Ruhe."
Nur Pedro sagt nichts.
Er kann nicht so gut
schauspielern.

Die Raubmöwen hacken
mit ihren spitzen Schnäbeln
auf den Knoten ein.
Sie schimpfen und fluchen,
weil sie ihn nicht gleich
aufkriegen.
Die Pinguin-Piraten machen sich
leise aus dem Staub.
Sie hüpfen die Felsentreppe hoch.

In einer geheimen Schlucht
auf ihrem Lieblingsfelsen
leeren sie die Goldmünzen aus.
Kurz darauf
fliegen die Möwen daher.
„Die Truhe war leer!",
beschweren sie sich.

95

„Echt?", sagt Frida
ganz verwundert.
„Das tut uns ja sooo leid!",
sagt Alex.
Pedro klappert vergnügt
mit dem Schnabel. „Pech gehabt!
Wenn ihr die Pinguin-Piraten
besiegen wollt,
müsst ihr schon früher aufstehen."

HA HAHA

Wütend schwirren die Möwen ab.
Alex, Frida und Pedro lachen.
Sie klatschen sich
mit den Flossen ab.
Dann rufen sie laut:
„Wir sind stark, wir sind toll,
wir sind cool.
Wir sind die Pinguin-Piraten!"

Leserätsel

Rätsel 1

Wer bin ich?

1. Ich habe einen Schatz gefunden.

2. Ich trage eine Kette.

3. Ich trage ein Kopftuch.

Rätsel 2

Silben-Salat

Bringe die Silben in die richtige Reihenfolge!

RA - TEN - PI

Wörter im Versteck

Insgesamt sind sechs Wörter versteckt.
Kreise sie ein.

S	C	H	A	T	Z	G
U	D	A	L	R	N	I
P	I	N	G	U	I	N
W	S	T	Z	H	U	S
E	C	H	O	E	R	E
F	R	I	D	A	L	L

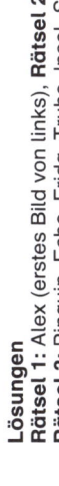

Lesen lernen mit Rätseln macht Spaß!

Mit den kniffligen Rätseln erweiterst du spielerisch deinen Wortschatz.
So wirst du ganz schnell zum Leseprofi!

So geht's:
Die Nummern in den Abbildungen zeigen dir, in welche Felder die gesuchten Wörter eingetragen werden.
Beachte: Die Umlaute Ä, Ö, Ü werden als AE, OE und UE geschrieben.
Und ß schreibt sich SS.

Viel Spaß!

1. Großes Rind aus Nordamerika
2. Eine Treppe besteht aus vielen …
3. Was reimt sich auf Luft?
4. Anderes Wort für Hausschuh

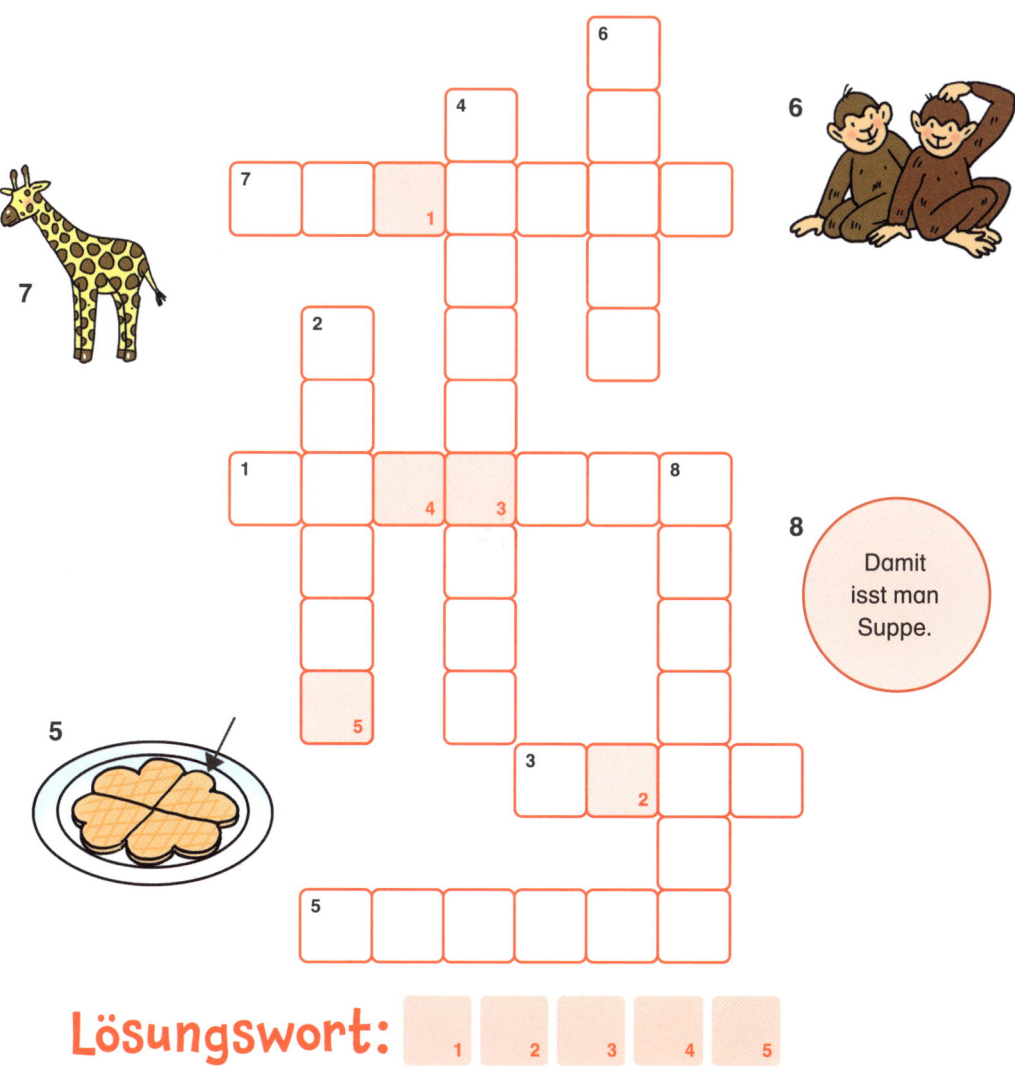

Lösungswort:

In diesem Rätselgitter haben sich 8 Dinge zum Malen und Basteln versteckt. Findest du sie alle?

F	U	E	L	L	E	R	W	A	S	Z	B
I	E	I	K	L	M	A	N	B	Z	T	L
L	S	A	U	M	I	D	S	C	H	R	E
Z	C	N	E	K	L	I	K	L	E	P	I
S	H	S	M	L	O	E	S	T	I	F	S
T	R	P	S	E	E	R	Z	S	D	E	T
I	E	I	T	B	U	G	B	C	R	I	I
F	I	T	U	E	G	U	R	H	H	V	F
T	H	Z	I	R	Z	M	W	E	G	D	T
A	G	E	F	R	L	M	X	R	S	Z	O
M	T	R	T	E	L	I	N	E	A	L	P
R	U	A	G	I	M	K	D	R	T	U	I

Welches Wort hat ein **Sch** am Anfang? Schreibe es auf.

1. Wer stark ist, hat viel …

2. Nach der Schule gehen die Kinder in den …

3. Mama ist meine …

4. Sturm mit Regen, Blitz und Donner

8 An ihm hängt das Segel eines Schiffes.

Lösungswort:

1. Wo kauft man Medizin?
2. Großes Schlaginstrument, ähnlich wie eine Trommel
3. Das Eis schmeckt gut. Es ist sehr …
4. Eine männliche Katze

7

8

Eine tropische Echse

3

4

3

Findest du heraus, in welchen Wörtern ein **ck** stehen muss?

8 **6**

7 **1**

5

6

2

5 **1** **6**

5

2

4

Lösungswort: 1 2 3 4 5 6

1. Die Unterseite des Schuhs heißt …
2. An jedem Fuß hast du fünf …
3. Möbelstück zum Sitzen
4. Winziges, springendes Insekt, das beißt

7

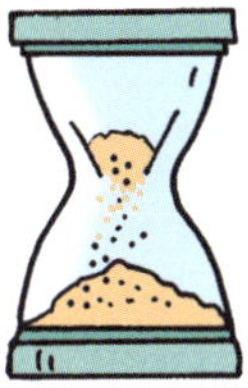

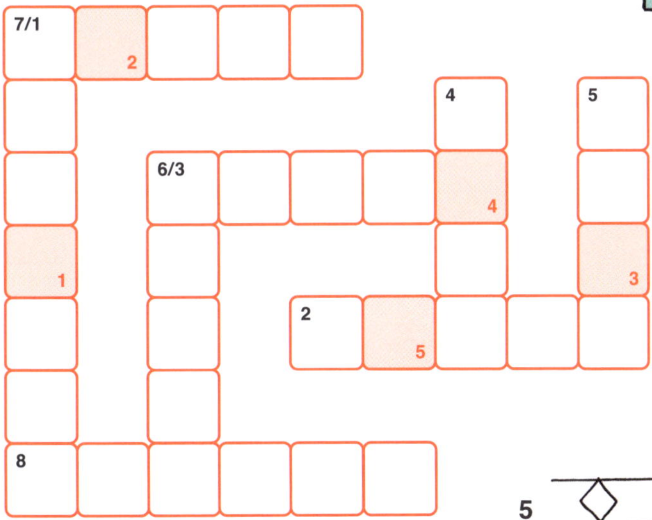

7/1
2
4
5

6

6/3

4

1

3

2

5

8

8

Das Bild
steckt in
einem …

5

Lösungswort:

105

In diesem Rätselgitter haben sich 8 Fabelwesen versteckt. Findest du sie alle?

→

E	L	V	I	M	V	H	I	P	D	R	U
V	G	F	E	E	O	L	V	M	N	U	D
A	S	T	R	E	I	X	A	E	Z	Y	R
M	E	P	I	R	H	B	M	O	L	L	A
H	I	E	S	J	I	E	P	B	A	G	C
B	N	V	I	U	R	L	I	P	X	V	H
I	H	A	E	N	E	C	R	I	E	S	E
R	O	P	X	G	I	S	C	H	L	X	N
M	R	F	M	F	V	X	A	K	F	U	M
E	N	R	T	R	O	L	L	D	I	J	K
I	Z	A	G	A	Z	U	G	R	M	P	L
R	X	I	T	U	Z	T	I	H	E	X	E

Welches Fabelwesen hat den längsten Namen? Schreibe ihn auf.

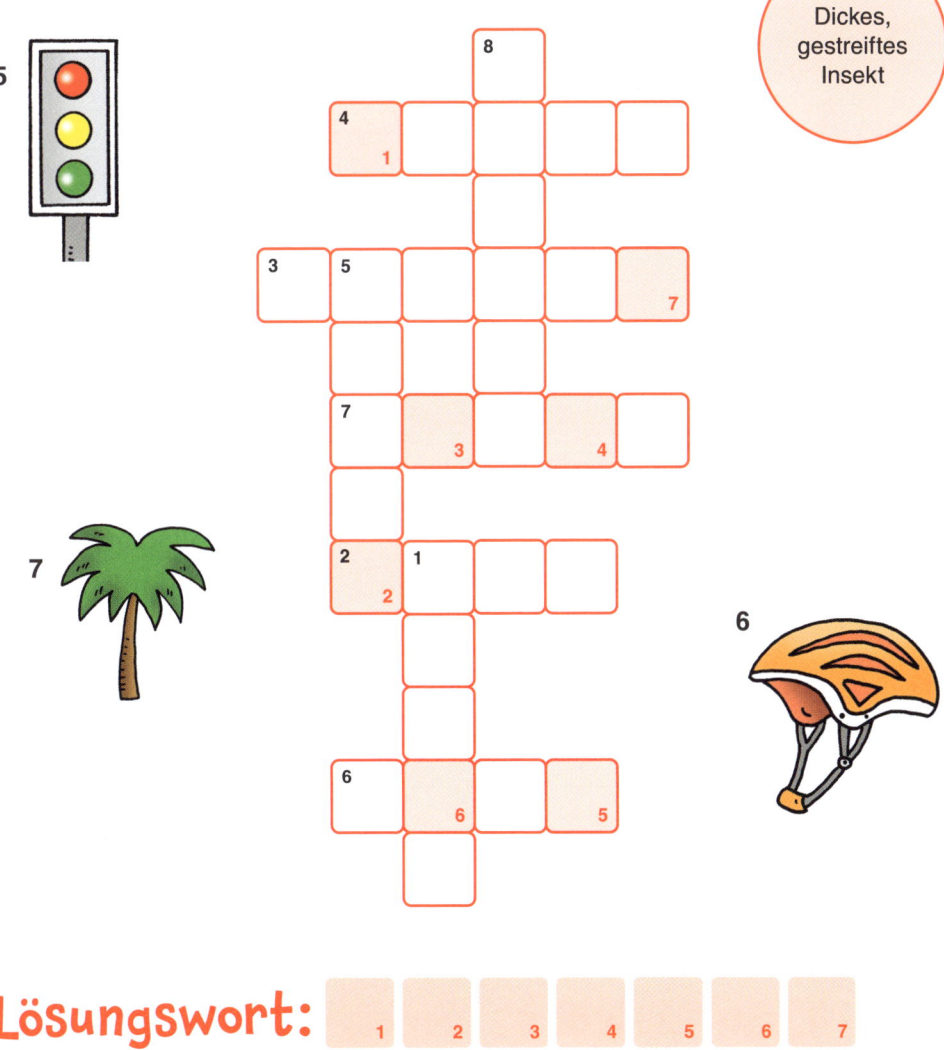

1. Ein schwarzer Vogel
2. Ein junges Schaf
3. Damit schlägt man Nägel ein.
4. Anderes Wort für schief

8

Dickes, gestreiftes Insekt

Lösungswort:

1 2 3 4 5 6 7

1. Das Pferd läuft im …
2. Ich habe meine Eltern sehr …
3. Anderes Wort für Räuber
4. Wer nicht hören kann, ist …

8 Eine Schüssel mit feinen Löchern ist ein …

Lösungswort: [1] [2] [3] [4]

1. Wenn man krank ist, nimmt man …
2. Was zeigt die Uhr an?
3. Monat nach November
4. Ein großes Meer

6

5

3

5

7

6

8

8
Zahl
zwischen
9 und 11

4   2

1

5   3

7

Lösungswort:

1   2   3   4   5

In diesem Rätselgitter haben sich 8 Wetterwörter versteckt. Findest du sie alle?

B	R	W	I	N	D	A	T	N	I	H	Z
H	E	I	P	H	B	G	S	H	T	R	A
S	C	H	I	M	R	E	V	A	E	I	D
B	R	O	G	E	N	W	N	G	S	C	H
R	E	G	E	N	B	O	G	E	N	W	O
S	G	A	U	K	J	L	W	L	N	I	S
O	E	S	S	O	B	K	J	Z	E	N	C
N	N	C	T	I	R	E	K	A	W	T	H
N	S	H	U	S	U	S	C	H	I	F	N
M	T	N	R	C	O	V	S	O	N	N	E
O	E	E	M	H	P	S	T	R	U	M	E
E	R	Z	A	I	M	O	L	A	W	L	K

1. Was liegt zu beiden Seiten eines Flusses?

2. Gegenteil von schlecht oder böse

3. Wenn man etwas verloren hat, dann muss man es …

4. Die Erde ist eine …

5

7

7/4

5

1

4

6

5

2

2

8

8

Zahnpasta kommt aus der …

3

1

6

Lösungswort: 1 2 3 4 5

1. Was reimt sich auf rund und Mund?
2. Was reimt sich auf Laus und Haus?
3. Was reimt sich auf Tasse?
4. Was reimt sich auf Kanne?

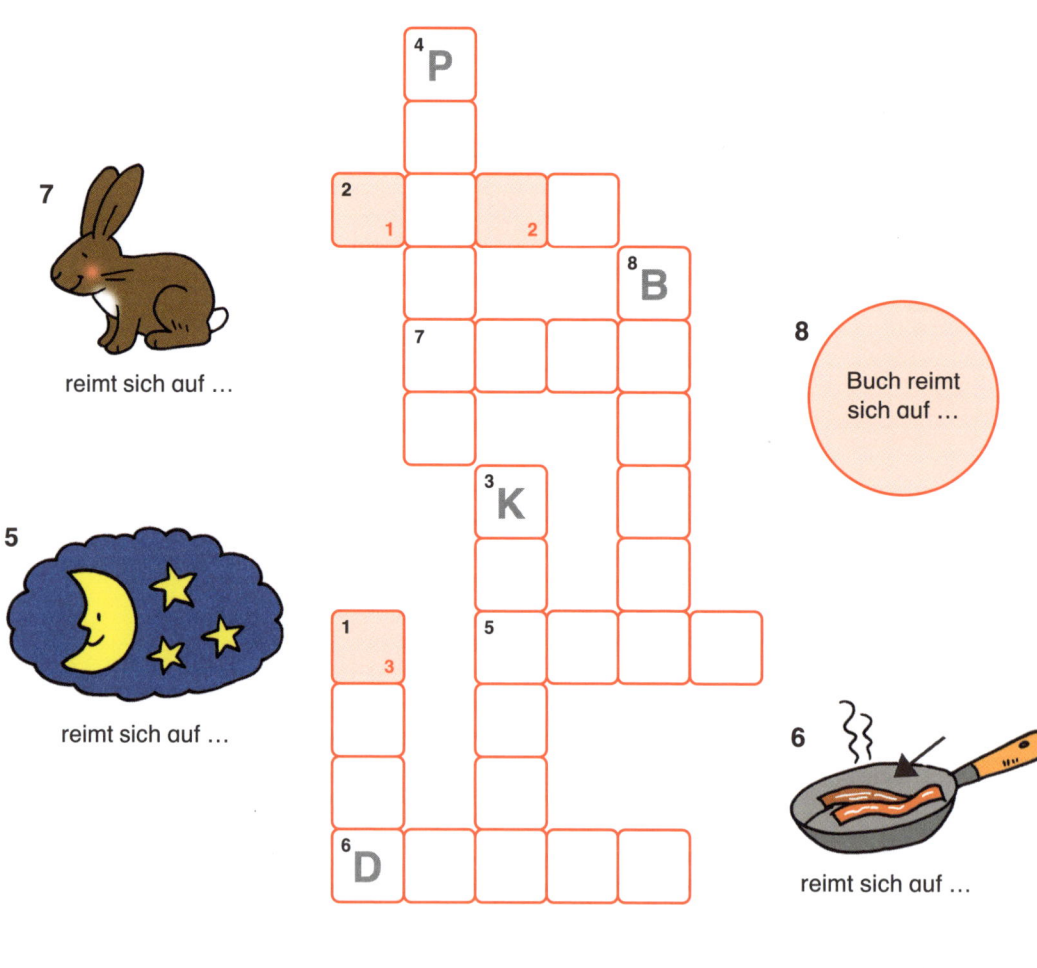

7

reimt sich auf …

8

Buch reimt sich auf …

5

reimt sich auf …

6

reimt sich auf …

Lösungswort:

In diesem Rätselgitter haben sich 8 Insekten versteckt. Findest du sie alle?

→
↓

M	A	U	Z	P	L	O	M	W	U	R	C
R	E	G	E	N	W	U	R	M	L	R	B
E	I	E	N	J	K	L	Z	O	N	F	I
G	N	B	I	E	N	E	G	T	M	C	N
N	A	K	A	M	E	I	L	T	E	U	R
H	H	D	E	R	A	U	P	E	L	A	B
J	U	S	C	H	D	B	R	Z	A	M	G
S	M	A	T	T	E	U	M	E	L	E	S
T	M	Z	E	D	G	S	C	H	S	I	T
W	E	S	P	E	H	P	A	U	T	S	C
E	L	A	U	B	E	K	A	E	F	E	R
I	E	F	E	R	G	R	H	U	J	K	L

113

Ganz schön knifflig

Löse die Rätsel und schreibe das gesuchte Wort auf die Linien.

1 Er wird aus Bohnen hergestellt. Man kann ihn trinken. Erwachsene lieben ihn. _____

2 Dort leben viele Tiere. Es gibt dort viele Bäume. Im Herbst ist es dort ganz bunt. _____

3 Er ist ein Tier. Er kann sich zusammenrollen. Er hat viele Stacheln. _____

4 Er ist aus Wolle oder aus Stoff. Man trägt ihn oft im Winter. Er wärmt den Hals. _____

Am Flughafen

Über den Lautsprecher kommen viele Meldungen.
Kannst du die Satzzeichen **?** oder **!** ergänzen?
Schreibe in jede Lücke das passende Zeichen.

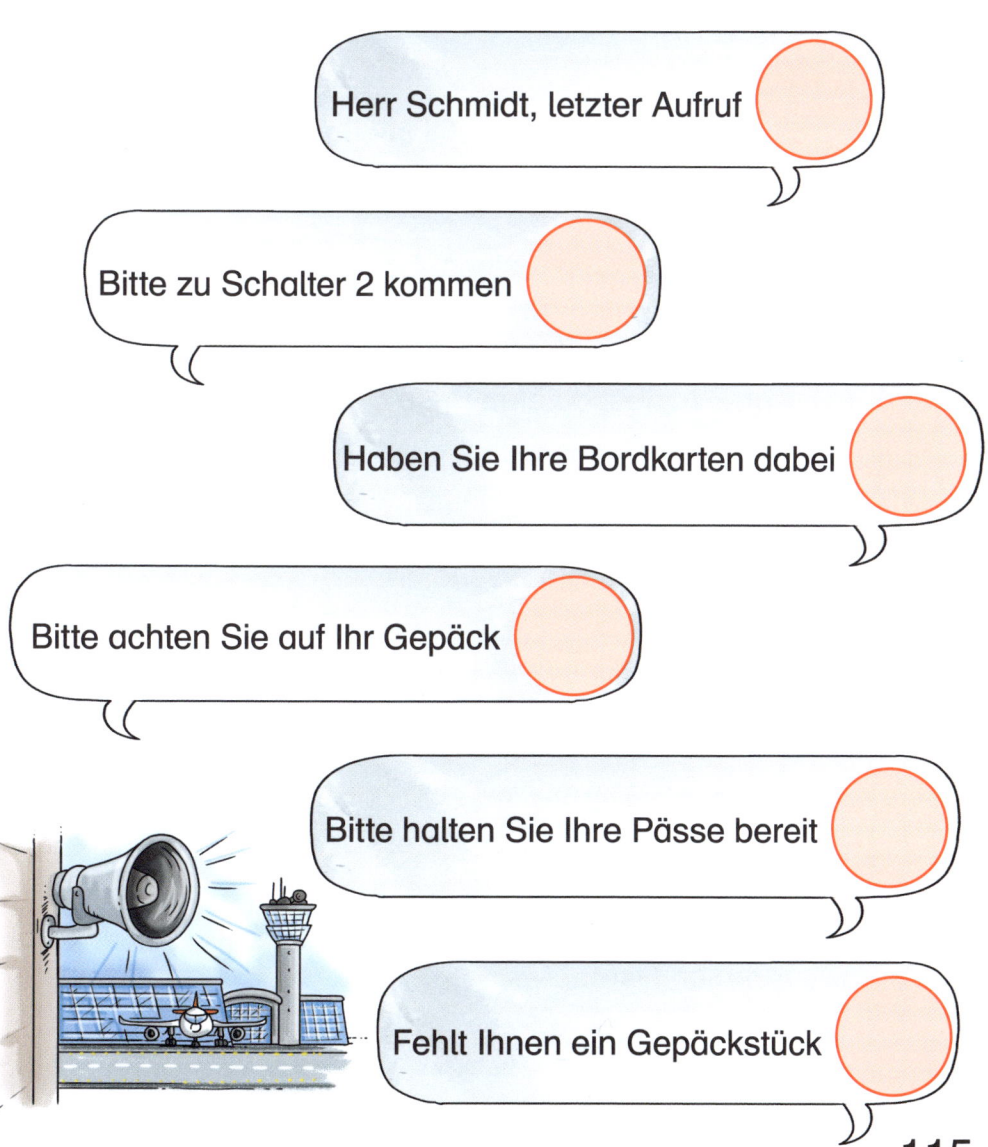

Herr Schmidt, letzter Aufruf

Bitte zu Schalter 2 kommen

Haben Sie Ihre Bordkarten dabei

Bitte achten Sie auf Ihr Gepäck

Bitte halten Sie Ihre Pässe bereit

Fehlt Ihnen ein Gepäckstück

115

Apfelpfannkuchen

Das Rezept für Leserabes liebste Pfannkuchen ist durcheinander geraten. Kannst du es ordnen? Schreibe die Zahlen von 1 bis 7 in die richtigen Kästchen.

◯ Schneide dann den Apfel in dünne Scheiben und mische ihn unter den Teig.

◯ Jetzt rührst du mit einem Schneebesen so lange, bis alle Zutaten gut vermischt sind.

◯ Danach gibst du eine Prise Salz, Zucker und ein Ei hinzu.

◯ Wenn alle Zutaten gut vermischt sind, kannst du einen kleinen Apfel schälen.

◯ Gib den Teig in die erhitzte Pfanne und brate deinen Apfel-Pfannkuchen von beiden Seiten goldbraun.

◯ Wenn du einen Apfel unter den Teig gerührt hast, erhitzt du in einer Pfanne etwas Öl.

◯ Gib zuerst Mehl und Milch in eine große Rührschüssel.

Dino-Wissen

Lies den Text über Dinosaurier aufmerksam durch.
Lies dir nun die Sätze unter dem Text durch.
Male vor die richtigen Sätze ein lachendes Gesicht
und vor die falschen Sätze ein weinendes Gesicht.

Lange bevor es uns Menschen gab, lebten auf der
Erde die Dinosaurier.
Alles, was wir heute über Dinosaurier wissen, erhalten
wir von Fossilien. Fossilien sind versteinerte Knochen
und andere Überreste.
Es gab viele verschiedene Dinosaurier. Einige von
ihnen fraßen Fleisch, anderer waren Pflanzenfresser.

Dinosaurier lebten noch bis vor kurzer Zeit auf der
Erde.

Unser Wissen über Dinosaurier erhalten wir von
Fossilien.

Fossilien sind lebende Bäume und Pflanzen.

Alle Dinosaurier waren Fleischfresser.

Einige Dinosaurier ernährten
sich nur von Pflanzen.

Rätsel 14

```
          A
       P  F
G I R  A  F F E
       N  E
S      T  N
T      O
B U E  F  F E L
F      F      O
E      E      E
N      L      F
          D U F T
             E
W A F F E L
```

R U F E N

Rätsel 15

```
F U E L L E R W A S Z B
I E I K L M A N B Z T L
L S A U M I D S C H R E
Z C N E K L I K L E P I
S H S M L O E S T I F S
T R P S E E R Z S D E T
I E I T B U G B C R I I
F I T U E G U R H H V F
T H Z I R Z M W E G D T
A G E F R L M X R S Z O
M T R T E L I N E A L P
R U A G I M K D R T U I
```

Lösungswort: SCHERE

Rätsel 16

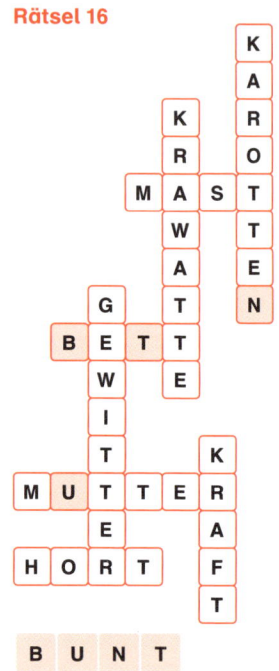

```
                   K
                   A
             K     R
             R     O
       M A S T     T
             W     T
             A     E
       G     T     N
B E T  T     T
       W     E
       I
       T           K
M U T  T  E  R      R
       E           A
H O R  T           F
                   T
```

B U N T

Rätsel 17

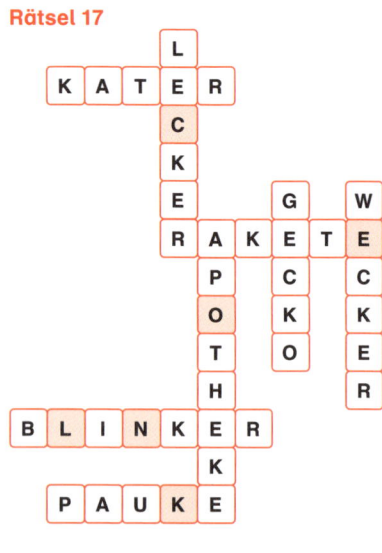

```
          L
   K A T  E  R
          C
          K
          E        G      W
   R A K  E  T  E   C      E
          P         C      C
          O         K      K
          T         O      E
          H                R
B L I N K  E  R
          K
   P A U  K  E
```

L O C K E N

118

Rätsel 18

```
S O H L E
A       F   B
N   S T U H L   A
D   C       O   H
U   H   Z E H E N
H   U
R A H M E N
```

D O H L E

Rätsel 19

```
E L V I M V H I P D R U
V G F E E O L V M N U D
A S T R E I X A E Z Y R
M E P I R H B M O L L A
H I E S J I E P B A G C
B N V I U R L I P X V H
I H A E N E C R I E S E
R O P X G I S C H L X N
M R F M F V X A K F U M
E N R T R O L L D I J K
I Z A G A Z U G R M P L
R X I T U Z T I H E X E
```

Lösungswort: MEERJUNGFRAU

Rätsel 20

```
        H
    K R U M M
        M
H A M M E R
    E   E
    P A L M E
    E
    L A M M
    M
    S
    H E L M
    L
```

K L A M M E R

Rätsel 21

```
                T
            K O R B
            A   A
        D   L   B
    L I E B
    E
    O B S T
        I
        E
T A U B
```

R A B E

Rätsel 22

```
                G       K
                A       R
D   S A L Z     Z       E
E               E       U
Z               L       Z
Z E H N         L       U
M         O Z E A N     N
B               E       G
M E D I Z I N
R               T
```

Z U N G E

Rätsel 23

```
B R W I N D A T N I H Z
H E I P H B G S H T R A
S C H I M R E V A E I D
B R O G E N W N G S C H
R E G E N B O G E N W O
S G A U K J L W L N I S
O E S S O B K J Z E N C
N N C T I R E K A W T H
N S H U S U S C H I F N
M T N R C O V S O N N E
O E E M H P S T R U M E
E R Z A I M O L A W L K
```

Rätsel 24

```
      K U G E L
L     A
U F E R     B
P     N     L
E     G   G U T
    T U B E M
      R     E
    S U C H E N
```

S T U F E

Rätsel 25

```
      P
      F
M A U S       B
      N   N A S E
      N       S
      E   K   U
          L   C
H         A C H T
U         S
N         S
D R E C K
```

M U H

Rätsel 26

```
M A U Z P L O M W U R C
R E G E N W U R M L R B
E I E N J K L Z O N F I
G N B I E N E G T M C N
N A K A M E I L T E U R
H H D E R A U P E L A B
J U S C H D B R Z A M G
S M A T T E U M E L E S
T M Z E D G S C H S I T
W E S P E H P A U T S C
E L A U B E K A E F E R
I E F E R G R H U J K L
```

Rätsel 27

1 Kaffee, **2** Wald, **3** Igel, **4** Schal

Rätsel 28

Herr Schmidt, letzter Aufruf!
Bitte zu Schalter 2 kommen!
Haben Sie Ihre Bordkarten dabei?
Bitte achten Sie auf Ihr Gepäck!
Bitte halten Sie Ihre Pässe bereit!
Fehlt Ihnen ein Gepäckstück?

Rätsel 29

Lösung: 5, 3, 2, 4, 7, 6, 1

Rätsel 30

Dinosaurier lebten noch bis vor kurzer Zeit auf der Erde.

Unser Wissen über Dinosaurier erhalten wir von Fossilien.

Fossilien sind lebende Bäume und Pflanzen.

Alle Dinosaurier waren Fleischfresser.

Einige Dinosaurier ernährten sich nur von Pflanzen.

Rätsel für die Rabenpost

Die Pinguin-Piraten heißen Alex, Frieda und
····· Pierre. **P**
······ Pedro. **H**

Sie entdecken einen
····· Schatz. **E**
······ Pfad. **I**

Die fünf Wikinger sind gute
····· Freunde. **L**
······ Gärtner. **A**

Gemeinsam besiegten sie den
···· Kraken. **G**
····· Drachen. **M**

Lösungswort

Hast du das Lösungswort herausgefunden?
Dann kannst du jetzt tolle Preise gewinnen.

Gib das Lösungswort auf der Leserabe-Website
ein oder schick es mit der
Post an folgende Adresse:

An den Leseraben
Rabenpost
Postfach 2007
88190 Ravensburg
Deutschland

Lösungswort

An
den LESERABEN
RABENPOST
Postfach 2007
88190 Ravensburg
Deutschland

**Bitte frage
deine Eltern!***

Leserabe

Lesen lernen wie im Flug!

In drei Stufen vom Lesestarter zum Leseprofi

Vor-Lesestufe
Ab Vorschule

ISBN 978-3-473-46213-1

ISBN 978-3-473-46273-5

ISBN 978-3-473-46207-0

1. Lesestufe
Ab 1. Klasse

ISBN 978-3-473-46218-6

ISBN 978-3-473-46252-0

ISBN 978-3-473-46149-3

2. Lesestufe
Ab 2. Klasse

ISBN 978-3-473-46208-7

ISBN 978-3-473-46059-5

ISBN 978-3-473-46028-1

Leichter lesen lernen mit der Silbenmethode

ISBN 978-3-473-**46230**-8*
ISBN 978-3-619-**14603**-1**

ISBN 978-3-473-**46275**-9*
ISBN 978-3-619-**14341**-2**

ISBN 978-3-473-**46194**-3*
ISBN 978-3-619-**14452**-5**

ISBN 978-3-473-**46193**-6*
ISBN 978-3-619-**14602**-4**

ISBN 978-3-473-**46231**-5*
ISBN 978-3-619-**14344**-3**

ISBN 978-3-473-**46274**-2*
ISBN 978-3-619-**14606**-2**

ISBN 978-3-473-**38556**-0*
ISBN 978-3-619-**14609**-3**

ISBN 978-3-473-**38553**-9*
ISBN 978-3-619-**14447**-1**

ISBN 978-3-473-**38568**-3*
ISBN 978-3-619-**14481**-5**

ISBN 978-3-473-**38565**-2*
ISBN 978-3-619-**14480**-8**

ERZ_23_004

** **Gebundene Ausgabe** bei Mildenberger   * **Broschierte Ausgabe** bei Ravensburger

Mit Rätseln zum Leseprofi!

ISBN 978-3-473-48962-6

ISBN 978-3-473-48986-2

ISBN 978-3-473-48987-9

ISBN 978-3-473-48961-9

ISBN 978-3-473-48944-2

ISBN 978-3-473-48988-6

ISBN 978-3-473-48989-3

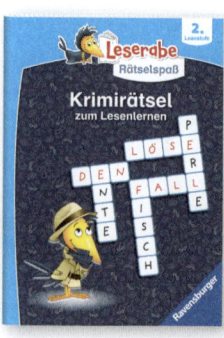

ISBN 978-3-473-48940-4

ERZ_23_005